COMMENT ENSEIGNER L'ARGENT À VOS ENFANTS : DE L'ARGENT DE POCHE À L'INDÉPENDANCE FINANCIÈRE

AURNY AIRDUVAL

COMMENT ENSEIGNER L'ARGENT À VOS ENFANTS : DE L'ARGENT DE POCHE À L'INDÉPENDANCE FINANCIÈRE

Avant-propos

L'éducation financière est l'un des cadeaux les plus précieux que vous puissiez offrir à vos enfants. En tant que parents, nous aspirons tous à préparer nos enfants à réussir dans la vie, et cela inclut la compréhension de l'argent, de la gestion financière et des décisions éclairées.

Ce livre est né de ma passion pour l'éducation financière et de mon désir de partager des connaissances et des stratégies qui aideront les familles à élever des enfants financièrement responsables. Il s'agit d'un guide complet qui vous accompagnera tout au long du voyage de l'éducation financière de vos enfants, de la petite enfance à l'âge adulte.

J'ai conçu ce livre pour être un manuel pratique, rempli d'idées, de conseils, de ressources et d'exemples concrets. Vous y trouverez des stratégies pour enseigner l'argent aux tout-petits, des conseils pour guider les adolescents dans leurs premières expériences financières, des études de cas inspirantes de familles qui ont réussi dans l'éducation financière, et bien plus encore.

L'argent est un sujet qui peut sembler complexe, mais il est essentiel de l'aborder avec nos enfants et ceci dès leur plus jeune âge. En leur donnant les compétences financières nécessaires, nous les préparons à prendre des décisions éclairées, à gérer leur argent avec responsabilité et à construire un avenir financier solide.

Je vous encourage à utiliser ce livre comme un outil précieux dans votre parcours vers l'éducation financière de vos enfants. Les leçons que vous enseignez aujourd'hui auront un impact durable sur leur vie future. Ensemble, nous pouvons aider la prochaine génération à prospérer financièrement.

Partie 1

Les tout-petits (jusqu'à 5 ans)

Chapitre 1

Introduction à l'éducation financière pour les tout-petits

En tant que parent, il n'y a rien de plus gratifiant que de voir nos tout-petits grandir et apprendre. Leurs premiers pas et leurs premiers mots gravent en nous des souvenirs impérissables. Toutefois il est rare que les parents pensent à engager les tout-petits sur la voie de l'éducation financière.

Pourtant même les tout-petits peuvent commencer à comprendre les bases de l'argent et à développer de bonnes habitudes financières. Nous allons voir maintenant l'importance de l'éducation financière pour les tout-petits et comment vous pouvez commencer à les initier à ce monde fascinant. Nous pensons que la tranche d'âge concernée par la partie 1 concernant principalement les enfants allant de 3 à 5 ans.

1. Les bases de l'éducation financière

Lorsque l'on parle d'éducation financière pour les tout-petits, il est essentiel de se rappeler que nous ne parlons pas d'économie mondiale ou de bourses boursières. Au lieu de cela, nous nous concentrons sur des notions de base qui permettent de comprendre ce qu'est l'argent, comment il fonctionne, et comment il peut être utilisé de manière responsable.

2. L'argent en tant que concept

La première étape dans l'éducation financière des tout-petits consiste à leur expliquer ce qu'est l'argent. Pour eux, il peut sembler abstrait au départ. Ils voient peut-être des pièces de monnaie et des billets de banque, mais ne comprennent pas encore leur valeur. Vous pouvez commencer par leur montrer de l'argent réel et leur expliquer que c'est ce que les gens utilisent pour acheter des choses.

Un excellent moyen de rendre ce concept plus concret est de jouer à des jeux de rôle. Créez une petite boutique à la maison avec des objets factices et utilisez de l'argent factice pour les acheter. Laissez vos tout-petits jouer le rôle du vendeur et de l'acheteur. Cela les aidera à comprendre comment fonctionne l'échange d'argent contre des biens.

3. La valeur de l'argent

Une fois que vos tout-petits commencent à comprendre ce qu'est l'argent, vous pouvez leur apprendre la valeur de l'argent. Expliquez-leur que l'argent n'est pas illimité et que nous devons faire des choix sur la façon de le dépenser. Vous pouvez utiliser des exemples simples, comme acheter une glace ou un jouet, pour leur montrer que lorsque nous dépensons de l'argent dans un endroit, il en reste moins, voire pas du tout, pour autre chose.

Encouragez-les à poser des questions sur les achats que vous faites ensemble. Parlez-leur du coût des objets et expliquez pourquoi vous choisissez certains articles plutôt que d'autres. Cela les aidera à comprendre que chaque achat a un coût et que nous devons prendre des décisions réfléchies.

4. Économiser

L'une des leçons les plus précieuses que vous pouvez enseigner à vos tout-petits est l'importance de l'épargne, ce qui est d'autant plus important à notre époque où la consommation règne en maître.

C'est ainsi que vous pouvez introduire la notion de tirelire. Donnez-leur une tirelire et expliquez-leur que c'est là qu'ils peuvent mettre de l'argent pour plus tard. Vous pouvez même leur donner une petite récompense chaque fois qu'ils mettent de l'argent dans leur tirelire, pour les encourager.

De même vous pouvez ouvrir un compte d'épargne pour eux. Ils vont ainsi apprendre comment l'argent peut être mis de côté pour l'avenir ainsi que les bases de la gestion d'un compte bancaire.

5. Pourquoi l'éducation financière précoce est importante

Vous pourriez vous demander pourquoi il est si important de commencer l'éducation financière de vos tout-petits dès maintenant. La réponse est simple : les habitudes financières se forment tôt dans la vie, et plus tôt vous les aidez à comprendre l'argent, mieux c'est.

6. Construire des bases solides

L'éducation financière précoce aide à construire des bases solides pour l'avenir. Lorsque vos tout-petits comprennent les concepts de base de l'argent, ils sont mieux préparés à prendre des décisions financières éclairées à mesure qu'ils grandissent. Ils seront moins susceptibles de faire des choix impulsifs et plus enclins à épargner et à investir judicieusement.

7. Éviter les erreurs financières

En enseignant à vos tout-petits les principes de base de la gestion de l'argent, vous les aidez à éviter les erreurs financières courantes à l'âge adulte. Ils seront mieux équipés pour gérer leur argent, éviter les dettes excessives et planifier un avenir financier stable.

8. Favoriser l'autonomie

L'éducation financière précoce favorise également l'autonomie. Lorsque les enfants comprennent comment gérer leur argent, ils développent un sens de la responsabilité financière qui les aidera tout au long de leur vie. Ils seront plus à l'aise pour prendre en charge leurs finances personnelles à mesure qu'ils grandissent.

L'éducation financière pour les tout-petits est un investissement précieux dans leur avenir. En leur apprenant les bases de l'argent dès leur plus jeune âge, vous les aidez à construire des bases solides pour une gestion financière saine et responsable tout au long de leur vie.

Chapitre 2

Comprendre les premiers concepts d'argent

Nous allons maintenant voir plus en détail les premiers concepts que vos tout-petits peuvent comprendre. Les tout-petits sont de petits éponges qui absorbent constamment de nouvelles informations, et l'argent ne fait pas exception. En les aidant à comprendre les premiers concepts d'argent, vous les préparez à une saine gestion financière ultérieure.

1. L'argent est utilisé pour acheter des choses

Un concept fondamental que les tout-petits peuvent commencer à comprendre est que l'argent est utilisé pour acheter des choses. Vous pouvez renforcer cette idée en impliquant vos tout-petits dans des activités d'achat simples. Lorsque vous allez faire des courses, emmenez-les avec vous et expliquez-leur que vous allez utiliser de l'argent pour acheter de la nourriture, des jouets ou d'autres articles. Montrez-leur comment vous échangez de l'argent contre des produits à la caisse.

Vous pouvez également jouer à des jeux à la maison où ils utilisent de la monnaie factice pour acheter des objets de jeu. Cela les aidera à comprendre que l'argent a une valeur et peut être utilisé pour obtenir ce dont ils ont besoin ou ce qu'ils veulent.

2. Les pièces et les billets ont des valeurs différentes

Une autre notion importante à enseigner aux tout-petits est que les pièces et les billets ont des valeurs différentes. Vous pouvez commencer par leur montrer les pièces de monnaie les plus petites pour aller ensuite vers celles qui ont une valeur plus élevée. Expliquez-leur que chaque pièce a une valeur différente et que certaines pièces valent plus que d'autres. Il est possible de le reconnaître facilement en fonction de la couleur et de la taille de chaque pièce[1]. Vous pouvez procéder aux mêmes explications pour les billets, qui ont des couleurs différentes afin de les différencier.

3. Économiser pour quelque chose de spécial

L'une des leçons les plus précieuses que vous pouvez enseigner à vos tout-petits est l'importance de l'épargne. Même à un jeune âge, ils peuvent commencer à apprendre que l'épargne signifie mettre de l'argent de côté pour quelque chose de spécial qu'ils veulent acheter à l'avenir.

Pour les aider à comprendre ce concept, vous pouvez utiliser une tirelire. Donnez-leur une tirelire où ils

---

1   Pour rendre cela concret, vous pouvez créer un jeu où ils trient et empilent des pièces en fonction de leur valeur. Cela les aidera à développer une compréhension de base des différentes unités monétaires.

peuvent mettre de l'argent pour économiser. Expliquez-leur que chaque fois qu'ils reçoivent de l'argent en cadeau, ils peuvent choisir de le mettre dans leur tirelire pour acheter quelque chose qu'ils veulent vraiment. Vous pouvez même les encourager à définir un objectif d'épargne, comme acheter un jouet particulier, et les aider à compter combien d'argent ils ont économisé jusqu'à présent.

4. L'argent ne pousse pas sur les arbres

Un concept essentiel que les tout-petits doivent comprendre est que l'argent ne pousse pas sur les arbres. Cela signifie qu'il faut travailler pour gagner de l'argent. Vous pouvez expliquer cela en mentionnant votre propre travail. Dites-leur que vous travaillez pour gagner de l'argent, ce qui vous permet ensuite d'acheter des choses pour la famille.

Cela peut également être une opportunité d'enseigner aux tout-petits la valeur du travail et de la persévérance. Expliquez-leur que lorsque l'on travaille dur, on peut gagner de l'argent pour réaliser ses rêves. Vous pouvez utiliser des exemples simples, comme le fait que papa ou maman travaillent pour gagner de l'argent qui sera ensuite utilisé pour acheter des glaces ou des jouets.

5. Des activités pour mieux comprendre les premiers concepts

Pour aider vos tout-petits à comprendre ces premiers concepts d'argent, vous pouvez recourir à des activités.

Voici quelques activités que vous pouvez faire ensemble pour renforcer ces notions :

Faire des courses ensemble : emmenez-les au supermarché et expliquez-leur comment vous utilisez de l'argent pour acheter de la nourriture et d'autres articles.

Jeux de tri : créez des jeux où ils doivent trier des pièces de monnaie et les classer par valeur[2]. Vous pouvez également ajouter des billets s'ils sont plus âgés.

Créer une tirelire : aidez-les à créer leur propre tirelire et à décider ce qu'ils veulent économiser pour acheter.

Jeu de rôle : jouez à des jeux de rôle où ils sont le vendeur et vous êtes l'acheteur, ou l'inverse. Utilisez de l'argent factice pour simuler des transactions.

Compter l'argent : apprenez-leur à compter de l'argent en utilisant de la monnaie réelle ou factice. Cela peut être une activité amusante et éducative.

Comprendre les premiers concepts d'argent est un pas important dans l'éducation financière de vos tout-petits. En leur enseignant que l'argent est utilisé pour acheter des choses, que différentes pièces et billets ont différentes valeurs, et que l'épargne est importante, vous leur fournissez les bases pour une compréhension plus approfondie de la gestion financière.

---

2   Faites attention à ce que vos enfants soient en âge de ne pas avaler les pièces.

Chapitre 3

Jeux et activités pour enseigner la valeur de l'argent

L'apprentissage des tout-petits est souvent plus efficace lorsqu'il est associé à des jeux et des activités amusantes. Cela est également vrai pour enseigner la valeur de l'argent. Nous allons voir divers jeux et activités que vous pouvez utiliser pour aider vos tout-petits à comprendre l'argent, à apprécier sa valeur et à développer des compétences financières de base.

1. La boutique à la maison

L'un des moyens les plus efficaces pour enseigner la valeur de l'argent aux tout-petits est de créer une boutique à la maison. Vous pouvez utiliser des objets factices tels que des jouets, des fruits, des légumes et des vêtements pour simuler une boutique. Donnez à vos tout-petits de l'argent factice, comme de fausses pièces de monnaie ou des billets de jeu, et encouragez-les à acheter des articles de la boutique.

Lors de cette activité, ils apprendront à compter de l'argent, à faire des choix et à comprendre que l'argent a une valeur. Vous pouvez également introduire des concepts tels que les remises et les promotions pour leur montrer comment économiser de l'argent lorsqu'ils font des achats.

2. La tirelire magique

La tirelire magique est une activité ludique qui encourage l'épargne. Donnez à vos tout-petits une tirelire et expliquez-leur qu'elle a des pouvoirs magiques. Chaque fois qu'ils mettent de l'argent dans leur tirelire, elle le multiplie ! Vous pouvez même les récompenser en ajoutant quelques pièces supplémentaires chaque fois qu'ils économisent.

Encouragez-les à fixer des objectifs d'épargne, comme économiser pour un jouet particulier. Chaque fois qu'ils atteignent leur objectif, vous pouvez les aider à compter l'argent et à acheter le jouet tant attendu. Cette activité montre aux tout-petits que l'épargne peut les aider à atteindre leurs rêves.

3. L'histoire de la cigale et de la fourmi

Raconter des histoires est une excellente façon d'enseigner des leçons importantes aux tout-petits. Ainsi l'histoire de la cigale et la fourmi de Jean de la Fontaine illustre simplement et parfaitement pour des enfants le concept d'économie et de planification financière.

N'hésitez pas à bien expliquer aux tout-petits le contenu de cette fable s'ils ne parviennent pas à la comprendre sans aide. Cette histoire peut être un bon point de départ pour discuter avec vos tout-petits de l'importance de l'économie, de l'épargne et de la planification.

4. Le jeu de l'épicerie

Le jeu de l'épicerie, qui peut être perçu comme étant un dérivé du jeu de la boutique à la maison, est une activité pratique qui permet aux tout-petits de comprendre comment fonctionne une épicerie. Créez une petite épicerie à la maison en utilisant des articles factices. Demandez à vos tout-petits de faire une liste d'achats et de décider ce qu'ils veulent acheter.

Donnez-leur de l'argent factice et expliquez-leur que c'est tout ce qu'ils ont pour faire leurs achats. Ils devront prendre des décisions sur ce qu'ils veulent vraiment et sur ce qu'ils peuvent se permettre d'acheter avec leur budget limité. Cela les aidera à comprendre que l'argent est limité et qu'il faut faire des choix.

5. La chasse au trésor

La chasse au trésor est une activité amusante qui peut enseigner aux tout-petits la valeur de la recherche et de la découverte. Cachez de l'argent factice ou de petites surprises dans la maison et créez une carte au trésor simple pour vos tout-petits. Encouragez-les à suivre la carte et à trouver le trésor.

Cette activité montre aux tout-petits que l'argent peut être gagné en faisant des efforts et en recherchant des opportunités. C'est également une occasion de leur apprendre à gérer leurs gains, en décidant s'ils veulent économiser ou dépenser leur trésor.

6. Les leçons de l'argent dans la vie quotidienne

Il est essentiel de saisir les opportunités d'enseigner des leçons d'argent dans la vie quotidienne. Lorsque vous faites des achats avec vos tout-petits, expliquez-leur vos choix. Montrez-leur comment comparer les prix, rechercher des offres intéressantes et économiser de l'argent par exemple en achetant des produits en réduction.

Les jeux et les activités sont des outils puissants pour enseigner la valeur de l'argent aux tout-petits. En les engageant dans des activités ludiques et éducatives, vous les aidez à développer une compréhension précoce de l'argent et à acquérir des compétences financières de base.

Chapitre 4

L'argent de poche pour les tout-petits

L'argent de poche est un sujet qui suscite souvent des questions chez les parents, en particulier lorsqu'il s'agit de tout-petits. À quel âge devriez-vous commencer à donner de l'argent de poche à vos tout-petits ? Combien devriez-vous leur donner ? Quels sont les avantages et les inconvénients ? Nous allons voir comment répondre à ces questions.

1. À quel âge commencer ?

La question de l'âge approprié pour commencer à donner de l'argent de poche aux tout-petits dépend en grande partie de la maturité de l'enfant et de sa capacité à comprendre les concepts financiers de base. En général, de nombreux parents commencent à introduire l'argent de poche vers l'âge de 3 à 5 ans.

À cet âge, les tout-petits commencent à développer leur compréhension de l'argent et de la valeur des objets. Cependant, il est essentiel de personnaliser l'approche en fonction de l'enfant. Certains tout-petits peuvent être prêts plus tôt que d'autres, tandis que d'autres peuvent avoir besoin de plus de temps pour développer ces compétences.

2. Combien donner ?

Le montant d'argent de poche que vous donnez à vos tout-petits peut varier en fonction de vos propres ressources financières et de vos objectifs d'enseignement. Il n'est pas nécessaire de donner une grande somme d'argent. En fait, de petites sommes sont souvent plus appropriées pour les tout-petits.

Vous pouvez envisager de donner une petite quantité chaque semaine ou chaque mois, comme une ou deux pièces de monnaie de faible valeur. L'objectif principal à cet âge est d'enseigner la gestion de l'argent et la valeur de l'épargne, plutôt que de fournir une somme importante.

3. Enseigner la gestion de l'argent

L'argent de poche est une excellente opportunité d'enseigner la gestion de l'argent dès le plus jeune âge.

Voici comment vous pouvez le faire :

La tirelire : encouragez vos tout-petits à mettre leur argent de poche dans une tirelire. Expliquez-leur que c'est là qu'ils peuvent garder leur argent en sécurité.

Épargner pour quelque chose de spécial : aidez-les à choisir un petit objectif d'épargne, comme un jouet ou une sortie spéciale. Chaque fois qu'ils reçoivent de l'argent de poche, montrez-leur comment le mettre de côté pour atteindre leur objectif.

Les choix d'achat : lorsque vos tout-petits veulent acheter quelque chose, discutez avec eux de leurs choix. Aidez-les à décider s'ils veulent dépenser leur argent tout de suite ou économiser pour quelque chose de plus grand.

La patience : enseignez-leur que l'argent de poche ne doit pas être dépensé immédiatement. La patience est une compétence importante à développer dès le plus jeune âge.

4. Avantages de l'argent de poche

L'argent de poche pour les tout-petits présente plusieurs avantages éducatifs :

Apprentissage pratique : l'argent de poche offre aux tout-petits une expérience pratique de gestion de l'argent, ce qui renforce leur compréhension des concepts financiers.

Prise de décision : ils apprennent à prendre des décisions sur la manière de dépenser ou d'économiser leur argent, ce qui développe leur sens des responsabilités.

Patience et objectifs : l'argent de poche encourage la patience et l'établissement d'objectifs à court terme, ce qui est une compétence précieuse pour l'avenir.

Autonomie : les tout-petits commencent à se sentir plus indépendants en gérant leur propre argent, ce qui renforce leur confiance en eux.

5. Inconvénients potentiels

Bien que l'argent de poche puisse être bénéfique, il est important de le gérer de manière appropriée.

Voici quelques inconvénients potentiels à garder à l'esprit :

Compréhension limitée : les tout-petits peuvent ne pas avoir une compréhension complète de la valeur de l'argent, ce qui peut entraîner des dépenses impulsives.

Perte d'argent : ils pourraient perdre de l'argent de poche, ce qui peut être une leçon douloureuse. Il est important de les aider à comprendre la responsabilité d'une bonne gestion de leur argent, ce qui commence par ne pas le perdre.

Comparaisons sociales : les enfants peuvent comparer la quantité d'argent de poche qu'ils reçoivent avec leurs amis, ce qui peut créer des sentiments d'insécurité, de compétition, d'infériorité ou de supériorité, selon les cas.

L'argent de poche pour les tout-petits peut être un outil éducatif puissant pour enseigner la gestion de l'argent et la responsabilité financière dès le plus jeune âge. En personnalisant l'approche en fonction de l'enfant et en fournissant des occasions d'apprentissage, vous pouvez aider vos tout-petits à développer des compétences financières fondamentales qui les serviront toute leur vie.

Chapitre 5

L'importance des habitudes financières dès le plus jeune âge

L'éducation financière est un cadeau précieux que vous pouvez offrir à vos tout-petits dès leur plus jeune âge. En leur enseignant de bonnes habitudes financières dès le départ, vous leur donnez les outils nécessaires pour prendre des décisions financières éclairées tout au long de leur vie. Nous allons voir pourquoi il est essentiel de développer ces habitudes financières dès le plus jeune âge et comment elles peuvent avoir un impact positif sur l'avenir de vos enfants.

1. L'argent devient une partie naturelle de la vie

Lorsque vous commencez à enseigner des concepts financiers aux tout-petits, l'argent devient une partie naturelle de leur vie. Ils apprennent que l'argent est un outil pour obtenir ce dont ils ont besoin et ce qu'ils veulent. Cette compréhension précoce les prépare à gérer l'argent de manière responsable à mesure qu'ils grandissent.

2. La prise de décision financière devient une habitude

En encourageant les tout-petits à prendre des décisions sur la façon de dépenser leur argent de poche, vous les aidez à développer la capacité à prendre des décisions financières. Cela devient une habitude pour eux, ce qui signifie qu'ils seront plus à l'aise pour gérer leur argent à l'avenir. Ils apprennent ainsi à réfléchir à leurs choix et à peser les avantages et les inconvénients.

3. L'épargne devient un réflexe

L'argent de poche offre aux tout-petits l'occasion de développer l'habitude de l'épargne. En les encourageant à économiser pour des objectifs spécifiques, vous leur montrez que l'épargne est une partie importante de la gestion financière. Cette habitude précoce d'épargne peut les aider, à l'avenir, à éviter les pièges de la dette et à planifier des objectifs financiers à long terme.

4. La patience est renforcée

Lorsque les tout-petits apprennent à économiser pour quelque chose qu'ils veulent, ils développent la patience. Ils apprennent que l'argent, certes de poche pour l'instant, n'est pas destiné à être dépensé immédiatement, mais peut être mis de côté pour des choses plus importantes à l'avenir. Cette patience sera précieuse à mesure qu'ils grandiront et vont faire face à des décisions financières plus complexes.

5. L'indépendance financière est encouragée

En enseignant aux tout-petits les bases de la gestion de l'argent, vous les encouragez à devenir plus indépendants sur le plan financier. Ils apprennent à gérer leur propre argent, à prendre des décisions financières et à être responsables de leurs choix. Cela renforce leur confiance en eux et les prépare à gérer leurs finances personnelles à l'âge adulte.

6. Les erreurs financières sont minimisées

En développant de bonnes habitudes financières dès le plus jeune âge, les tout-petits sont moins susceptibles de commettre des erreurs financières coûteuses à l'avenir. Ils sont mieux préparés à gérer leur argent de manière responsable, à éviter les dettes excessives et à planifier leur avenir financier.

7. La communication familiale est renforcée

L'argent peut être un sujet délicat, même au sein des familles. Cependant, en introduisant l'éducation financière dès le plus jeune âge, vous renforcez la communication familiale sur l'argent. Les discussions sur les choix financiers deviennent plus courantes, ce qui permet aux parents et aux enfants de mieux comprendre les valeurs financières de la famille et de prendre des décisions financières ensemble.

L'importance des habitudes financières dès le plus jeune âge ne peut être surestimée. En enseignant à vos tout-petits les bases de la gestion de l'argent, de l'épargne et de la prise de décision financière, vous les préparez à un avenir financier plus stable et plus responsable. Ces habitudes financières deviennent naturelles et les accompagnent tout au long de leur vie, les aidant à prendre des décisions éclairées et à atteindre leurs objectifs financiers.

Partie 2

Les enfants de 6 à 12 ans

Chapitre 6

Éducation financière pour les enfants de 6 à 12 ans

Les années de 6 à 12 ans sont une période cruciale pour renforcer les bases de l'éducation financière. Les enfants commencent à développer une compréhension plus avancée de l'argent et de la gestion financière. C'est pourquoi nous allons voir des stratégies et des approches spécifiques pour enseigner l'éducation financière aux enfants en primaire.

1. Les notions de base de l'argent

Compréhension des différentes unités monétaires : à cet âge les enfants peuvent commencer à apprendre plus facilement la valeur des différentes pièces et billets. Montrez-leur les différentes pièces de monnaie et les différents billets et expliquez-leur leur valeur respective. Vous pouvez également utiliser des jeux éducatifs pour les aider à pratiquer le comptage de l'argent.

Différence entre l'épargne et les dépenses : expliquez aux enfants la différence entre l'argent qu'ils économisent et l'argent qu'ils dépensent. Utilisez des exemples concrets pour illustrer ces concepts. Par exemple, montrez-leur comment économiser de l'argent pour acheter un jouet qu'ils souhaitent plutôt que de le dépenser immédiatement.

2. Argent de poche et épargne

L'argent de poche : il peut être approprié de faire bénéficier votre enfant d'argent de poche. En recevant de l'argent de poche de manière régulière, les enfants apprennent à gérer un budget et à faire des choix financiers.

L'épargne : une partie de l'argent que les enfants reçoivent devrait être destinée à l'épargne. Cela les encourage à développer l'habitude de mettre de l'argent de côté pour des objectifs futurs.

3. Les jeux et les activités

Des jeux éducatifs : utilisez des jeux de société ou des applications éducatives sur l'argent et la gestion financière pour rendre l'apprentissage amusant. Il existe de nombreux jeux conçus spécifiquement pour enseigner aux enfants les concepts financiers, tels que les jeux de Monopoly ou des applications interactives.

Des activités pratiques : organisez des activités pratiques pour enseigner l'argent. Par exemple, créez un mini-marché à la maison où les enfants peuvent acheter et vendre des objets factices en utilisant de l'argent de jeu. Cela les aide à comprendre les transactions, les remises et les dépenses.

4. L'épargne et les objectifs financiers

Définir des objectifs : aidez les enfants à définir des objectifs financiers réalistes. Ils peuvent économiser pour acheter un jouet spécifique, contribuer à un cadeau d'anniversaire pour un ami, ou même économiser pour une sortie spéciale en famille. Encouragez-les à suivre leur progression vers leurs objectifs.

Ouvrir un compte d'épargne : envisagez d'ouvrir un compte d'épargne pour les enfants si cela n'a pas déjà été fait. Cela leur permettra d'apprendre les notions de base de la gestion d'un compte bancaire, telles que le dépôt d'argent et le suivi des soldes.

5. Les discussions familiales sur l'argent

Encouragez les discussions familiales sur l'argent. Parlez ouvertement des choix financiers que vous faites en tant que famille, comme l'achat d'une nouvelle voiture ou la planification des vacances. Impliquez les enfants dans ces discussions pour qu'ils comprennent comment les décisions financières sont prises et les conséquences de celles-ci.

L'éducation financière pour les enfants en primaire pose les bases d'une compréhension plus avancée de l'argent et de la gestion financière. En utilisant des approches adaptées à leur âge, tels que l'argent de poche, les jeux éducatifs et les discussions familiales, vous pouvez aider les enfants à développer des compétences financières précieuses qui les serviront tout au long de leur vie.

Chapitre 7

Gérer l'argent de poche et les dépenses

Une partie essentielle de l'apprentissage relatif à l'argent consiste à savoir gérer l'argent de poche et à prendre des décisions financières responsables. C'est pourquoi nous allons voir comment enseigner à vos enfants à gérer leur argent de poche et leurs dépenses de manière éclairée.

1. Comprendre l'argent de poche

Établir des attentes claires : lorsque vous donnez de l'argent de poche à vos enfants, établissez des attentes claires quant à son utilisation. Expliquez-leur que l'argent de poche est destiné à être géré de manière responsable et qu'ils sont responsables de la prise de décision sur la façon de le dépenser.

Le rôle de l'argent de poche : faites comprendre à vos enfants que l'argent de poche n'est pas un revenu garanti, mais une opportunité d'apprendre à gérer de l'argent. Il ne s'agit pas seulement de recevoir de l'argent, mais aussi de comprendre comment le budgétiser et prendre des décisions sur son utilisation.

41

2. Créer un budget

Apprendre l'importance du budget : apprenez à vos enfants l'importance de créer un budget. Aidez-les à établir un budget simple en divisant leur argent de poche en catégories, telles que l'épargne, les dépenses essentielles et les dépenses discrétionnaires.

Suivre les dépenses : encouragez-les à suivre leurs dépenses. Ils peuvent tenir un petit journal ou utiliser des applications de suivi des dépenses pour noter ce qu'ils achètent et combien ils dépensent. Cela les aide à prendre conscience de leurs habitudes de dépenses.

3. Prendre des décisions d'achat

Les choix financiers : lorsque vos enfants souhaitent acheter quelque chose, discutez avec eux de leurs choix financiers. Aidez-les à réfléchir à la question de savoir si l'achat est nécessaire, s'il correspond à leurs objectifs d'épargne, et s'ils peuvent se le permettre avec leur argent de poche.

Les leçons d'achat : permettez-leur de faire des erreurs d'achat occasionnelles. Parfois, il est important de tirer des leçons de l'achat d'un objet qu'ils regrettent plus tard. Cela les aide à comprendre la valeur de l'argent et à prendre des décisions plus éclairées à l'avenir.

4. L'importance de l'épargne

Définir et atteindre des objectifs d'épargne : aidez vos enfants à définir des objectifs d'épargne. Ils peuvent économiser pour des jouets, des activités spéciales ou même pour un fonds d'urgence. Encouragez-les à suivre leur progression vers leurs objectifs et à être fiers de leurs réalisations.

Ouvrir un compte d'épargne : envisagez d'ouvrir un compte d'épargne pour vos enfants si cela n'a pas déjà été fait. Cela leur permettra d'apprendre les bases de la gestion d'un compte bancaire et de voir comment l'argent peut être mis de côté pour l'avenir.

5. Les leçons financières continues

Les discussions familiales : continuez à avoir des discussions familiales sur l'argent. Partagez vos propres expériences financières et les choix que vous faites en tant que famille. Impliquez vos enfants dans ces discussions pour qu'ils comprennent comment les décisions financières sont prises.

Les opportunités d'apprentissage au quotidien : profitez des opportunités d'apprentissage au quotidien. Lorsque vous faites des courses, expliquez-leur comment vous comparez les prix et recherchez des offres. Montrez-leur comment utiliser des coupons ou des remises pour économiser de l'argent.

L'argent de poche offre aux enfants en âge primaire l'occasion d'apprendre des leçons financières importantes. En leur enseignant à gérer leur argent de poche, à créer un budget, à prendre des décisions d'achat réfléchies et à épargner pour l'avenir, vous les aidez à développer des compétences financières qui les serviront tout au long de leur vie. Ces leçons financières conti-

nues les préparent à prendre des décisions financières
éclairées à mesure qu'ils grandissent.

Chapitre 8

Épargner et économiser

L'épargne est une compétence financière essentielle que vous pouvez enseigner à vos enfants. Apprendre à économiser de l'argent les aide à développer la discipline financière et à atteindre leurs objectifs financiers à long terme. Nous allons voir comment encourager vos enfants à épargner et à économiser de l'argent de manière efficace.

1. Comprendre les bases de l'épargne

Expliquer le concept d'épargne : commencez par expliquer à vos enfants ce que signifie "économiser de l'argent". Utilisez des exemples simples pour illustrer le concept, comme mettre de l'argent de côté au lieu de le dépenser immédiatement.

Introduire le concept d'intérêt : enseignez-leur également le concept d'intérêt, en expliquant comment l'argent épargné peut gagner de l'argent supplémentaire au fil du temps grâce à l'intérêt. Utilisez des exemples concrets, tels que l'argent placé dans un compte d'épargne qui rapporte des intérêts.

2. Établir des objectifs d'épargne

Définir des objectifs : aidez vos enfants à définir des objectifs d'épargne. Ces objectifs peuvent être liés à des jouets qu'ils souhaitent acheter, à des activités spéciales ou à des économies pour l'avenir. Encouragez-les à choisir des objectifs qui les motivent.

Suivre la progression : créez un moyen pour vos enfants de suivre leur progression vers leurs objectifs. Ils peuvent utiliser un tableau d'épargne ou un carnet pour enregistrer les montants épargnés et voir à quel point ils se rapprochent de leurs objectifs.

3. Régularité et habitude pour épargner

Épargner une partie de l'argent : expliquez à vos enfant que chaque fois qu'ils reçoivent de l'argent, une partie doit être mise de côté dans leur compte d'épargne ou leur tirelire.

Encourager la régularité : encouragez vos enfants à épargner régulièrement, même si ce n'est qu'une petite somme à chaque fois. L'habitude de l'épargne régulière est plus importante que le montant épargné.

Ouvrez un compte d'épargne : si cela n'est pas déjà fait ouvrez un compte d'épargne pour vos enfants. Expliquez-leur comment ces comptes fonctionnent, comment l'argent y est déposé et comment il peut gagner des intérêts.

4. Récompenser l'effort

Célébrer les réussites : lorsque vos enfants atteignent leurs objectifs d'épargne, célébrez leurs réussites. Cela renforce la satisfaction de l'effort d'épargne et les motive à continuer à économiser.

Enseigner la patience : expliquez que l'épargne nécessite de la patience. Parfois, il faut du temps pour atteindre un objectif, mais cela en vaut la peine à long terme.

En enseignant à vos enfants à épargner et à économiser de l'argent, vous leur donnez des compétences financières précieuses qui les aideront tout au long de leur vie. Ils apprendront la discipline financière, la gestion des objectifs, et comment l'argent peut travailler pour eux grâce à l'intérêt. Encouragez-les à définir des objectifs d'épargne, à suivre leur progression et à célébrer leurs réussites. Ces leçons d'épargne les préparent à des décisions financières éclairées à mesure qu'ils grandissent.

Chapitre 9

Dépenser judicieusement : enseigner la responsabilité financière

Les enfants doivent apprendre à dépenser leur argent judicieusement, à faire des choix éclairés et à éviter les dépenses impulsives. Nous allons voir comment enseigner à vos enfants à dépenser de manière responsable et à prendre des décisions financières judicieuses.

1. Comprendre les choix financiers

Expliquer les choix financiers : commencez par expliquer à vos enfants ce qu'est un choix financier. Ils doivent comprendre que chaque fois qu'ils dépensent de l'argent, ils font un choix sur la façon dont ils veulent utiliser leurs ressources.

Les conséquences des choix : montrez-leur que chaque choix financier a des conséquences. Par exemple, s'ils dépensent tout leur argent de poche en bonbons, ils n'auront plus d'argent pour acheter autre chose qu'ils pourraient souhaiter à l'avenir.

2. Planification des achats

Faire une liste de souhaits : encouragez vos enfants à faire une liste de souhaits avant de faire des achats. Cette liste les aide à réfléchir à ce qu'ils veulent vraiment et à éviter les achats impulsifs.

Comparer les prix : montrez-leur comment comparer les prix pour obtenir le meilleur rapport qualité-prix. Lorsque vous faites des achats ensemble, expliquez comment vous choisissez des produits en fonction de leur qualité et de leur prix.

3. Éviter les achats impulsifs

La règle de l'attente : enseignez-leur la règle de l'attente : s'ils voient quelque chose qu'ils veulent acheter impulsivement, attendez un certain temps (par exemple, une journée ou une semaine) pour voir s'ils le veulent toujours autant. Cela évite les achats impulsifs.

La différence entre le besoin de l'envie : expliquez la différence entre un besoin et une envie. Les besoins sont des choses essentielles, tandis que les envies sont des choses que l'on souhaite mais qui ne sont pas nécessaires. Encouragez-les à réfléchir à la nature de leurs achats.

4. Économiser sur les achats

Utiliser des coupons et des remises : montrez-leur comment utiliser des coupons et des remises pour économiser de l'argent. Lorsque vous faites des courses, expliquez comment rechercher des offres spéciales et des réductions.

Acheter d'occasion : apprenez-leur que l'achat d'articles d'occasion peut être une excellente façon d'économiser de l'argent. Ils peuvent trouver de bonnes affaires sur des objets légèrement usagés au lieu d'acheter neuf à plein prix.

5. La valeur de l'argent

Gagner de l'argent : Encouragez-les à gagner de l'argent en effectuant des tâches supplémentaires à la maison. Cela les aide à comprendre la valeur de l'argent gagné par leur propre effort.

La satisfaction de l'effort : expliquez que dépenser de l'argent durement gagné peut apporter une plus grande satisfaction que de dépenser de l'argent facilement obtenu. Cela les encourage à apprécier davantage leurs achats.

Enseigner à vos enfants à dépenser judicieusement et à prendre des décisions financières responsables est une compétence essentielle pour la vie. Ils apprennent à réfléchir avant de dépenser, à planifier leurs achats et à éviter les dépenses impulsives. Ces compétences les aideront à gérer leur argent de manière responsable à mesure qu'ils grandissent et à prendre des décisions financières éclairées.

Chapitre 10

Le rôle des parents dans l'éducation financière des enfants

Les parents jouent un rôle crucial dans l'éducation financière de leurs enfants, en leur enseignant des compétences financières fondamentales et en les guidant vers une gestion financière responsable. Nous allons voir le rôle essentiel des parents dans l'éducation financière de leurs enfants et les meilleures pratiques pour les aider à développer une compréhension saine de l'argent.

1. Modèle de comportement financier

L'exemple des parents : les enfants apprennent beaucoup en observant le comportement de leurs parents. Il est essentiel que les parents servent de modèles de comportement financier responsable. Si les parents gèrent leur argent de manière responsable, les enfants sont plus susceptibles de suivre cet exemple.

Les discussions sur l'argent : discutez ouvertement des choix financiers en famille. Impliquez vos enfants dans des discussions sur les dépenses, les économies et les investissements. Expliquez vos décisions financières et les raisons qui les motivent.

2. Enseignement actif de l'argent

Éducation financière à la maison : intégrez l'éducation financière dans la vie quotidienne à la maison. Impliquez vos enfants dans la gestion du budget familial, en leur montrant comment planifier les dépenses et les économies.

Jeux et activités : utilisez des jeux éducatifs et des activités pour enseigner des concepts financiers. Des jeux de société tels que le Monopoly ou des applications éducatives peuvent rendre l'apprentissage amusant.

3. Apprentissage par l'erreur

Se servir des erreurs : comprenez que les enfants feront des erreurs financières. C'est une partie normale du processus d'apprentissage. Plutôt que de critiquer, utilisez ces erreurs comme des occasions d'enseignement.

Supporter les conséquences des choix : laissez vos enfants vivre les conséquences de leurs choix financiers. S'ils dépensent tout leur argent de poche en début de mois, ils apprendront rapidement à mieux gérer leur argent.

4. Encouragement et célébration

Célébrer les réussites : célébrez les réussites financières, mêmes de faibles importances, de vos enfants. Cela renforce leur confiance en eux et les motive à continuer à prendre des décisions financières responsables.

Encourager l'effort : faites l'éloge de l'effort plutôt que des résultats financiers. Encouragez vos enfants à faire de leur mieux pour gérer leur argent, même s'ils font des erreurs en cours de route.

Le rôle des parents dans l'éducation financière des enfants est fondamental pour les préparer à une vie de gestion financière responsable. En étant des modèles de comportement financier, en enseignant activement des compétences financières et en offrant des opportunités d'apprentissage, vous pouvez aider vos enfants à développer une compréhension saine de l'argent.

Partie 3

Les adolescents de 13 à 18 ans

Chapitre 11

Éducation financière pour les adolescents

L'adolescence est une période critique pour l'éducation financière, car les adolescents commencent à prendre des décisions financières plus autonomes et à se préparer à leur avenir financier. Nous allons voir comment enseigner l'éducation financière aux adolescents et les aider à développer des compétences financières essentielles.

1. Comprendre les besoins financiers des adolescents

Les dépenses personnelles : avec l'adolescence viennent de nouvelles dépenses personnelles, telles que les vêtements, les sorties avec des amis et les loisirs. Aidez les adolescents à comprendre ces nouvelles responsabilités financières.

Planifier pour l'avenir : commencez à discuter des objectifs financiers à long terme avec les adolescents. Cela peut inclure des économies pour l'université, l'achat d'une voiture, la location d'un logement.

2. Budget et planification financière

Créer un budget : apprenez aux adolescents à créer un budget. Aidez-les à comprendre comment suivre leurs revenus et leurs dépenses, et à allouer de l'argent à différentes catégories, y compris l'épargne.

Gérer un compte bancaire : expliquez comment fonctionnent les comptes bancaires et aidez-les à ouvrir leur propre compte si ce n'est pas déjà fait. Montrez-leur comment effectuer des dépôts, retirer de l'argent et suivre leur solde.

3. Gestion de l'argent de poche et des revenus

Emplois à temps partiel : encouragez les adolescents à chercher des emplois à temps partiel ou des petits boulots. Cela leur permettra de gagner de l'argent par leurs propres moyens et d'apprendre la valeur de l'effort.

L'argent de poche : continuez à verser de l'argent de poche, mais encouragez-les à prendre davantage de responsabilités dans la gestion de cet argent. Ils peuvent couvrir certaines de leurs dépenses personnelles avec leur argent de poche.

4. Épargner et investir

Épargne à long terme : encouragez vos adolescents à épargner pour des objectifs à long terme, comme l'université ou l'achat d'une première voiture. Discutez des avantages de l'épargne à long terme, tels que l'accumulation d'intérêts.

Initiation à l'investissement : expliquez les concepts d'investissement aux adolescents. Ils peuvent commencer à investir de petites sommes dans des actions ou des fonds communs de placement pour apprendre comment les marchés financiers fonctionnent.

5. Endettement responsable

Comprendre le crédit : expliquez le fonctionnement du crédit, y compris les cartes de crédit et les prêts étudiants. Mettez en garde contre les pièges de l'endettement excessif et l'importance de rembourser en temps voulu.

Gérer les dettes : apprenez-leur à gérer les dettes de manière responsable. Discutez des stratégies pour rembourser les dettes et éviter l'accumulation de dettes excessives.

L'adolescence est une période cruciale pour l'éducation financière, car les adolescents commencent à prendre des décisions financières de plus en plus importantes. En leur enseignant à budgétiser, épargner, investir et gérer les dettes de manière responsable, vous les préparez à une vie de gestion financière autonome et à la réalisation de leurs objectifs financiers à long terme.

Chapitre 12

L'argent, les adolescents et le monde réel : préparation à l'indépendance financière

À mesure que les adolescents grandissent, ils se rapprochent de l'indépendance financière et de la vie adulte. Nous allons voir la manière de préparer les adolescents à faire face au monde réel, de gérer leur argent de manière autonome et de prendre des décisions financières responsables.

1. Préparer les adolescents à l'indépendance financière

L'importance de l'indépendance financière : expliquez aux adolescents pourquoi l'indépendance financière est essentielle. Montrez-leur que cela signifie avoir le contrôle de leur vie financière et prendre leurs propres décisions.

Les responsabilités financières : discutez des responsabilités financières qui les attendent en tant qu'adultes, telles que le paiement du loyer, des factures et la gestion des dépenses quotidiennes.

2. Gestion du budget

Budgétisation réaliste : aidez-les à créer un budget réaliste qui tient compte de leurs revenus et de leurs dépenses. Encouragez-les à suivre de près leurs finances et à ajuster leur budget en conséquence.

Planification à long terme : expliquez l'importance de la planification à long terme dans la gestion financière. Encouragez-les à épargner pour des objectifs à long terme, tels que l'achat d'une maison ou la retraite.

3. Développer des compétences financières avancées

Apprendre à investir intelligemment : apprenez-leur à investir intelligemment en diversifiant leur portefeuille et en comprenant les risques associés aux investissements. Faites une présentation des différents types d'investissements.

Gestion des impôts : expliquez-leur comment fonctionnent les impôts et comment remplir ou corriger une déclaration de revenus.

4. Éducation sur le crédit

Gérer le crédit : donnez-leur des conseils sur la gestion du crédit et l'utilisation responsable des cartes de crédit.

Éviter les pièges de l'endettement : mettez en garde contre les pièges de l'endettement excessif, tels que les prêts à taux d'intérêt élevés et les dépenses impulsives.

5. L'apprentissage par l'expérience

Laisser faire des erreurs ; comprenez que les adolescents feront probablement des erreurs financières en cours de route. Encouragez-les à apprendre de ces erreurs plutôt que de les craindre.

Responsabilité financière : donnez-leur des responsabilités financières de plus en plus importantes à mesure qu'ils acquièrent de l'expérience. Cela peut inclure la gestion de leur propre compte bancaire ou la contribution aux dépenses familiales.

La préparation des adolescents à l'indépendance financière est un processus crucial pour les aider à réussir dans le monde réel. En leur enseignant la gestion du budget, les compétences financières avancées, la responsabilité du crédit et en les laissant apprendre par l'expérience, vous les préparez à gérer leur argent de manière autonome et à prendre des décisions financières responsables tout au long de leur vie adulte.

Chapitre 13

Gérer un compte bancaire et comprendre les cartes de crédit

La gestion d'un compte bancaire et la compréhension des cartes de crédit sont des compétences financières essentielles. Nous allons voir comment gérer efficacement un compte bancaire, ainsi que les avantages et les pièges des cartes de crédit, et comment éviter les problèmes financiers courants.

1. Gérer un compte bancaire

Ouvrir un compte bancaire : expliquez à vos enfants comment ouvrir un compte bancaire[3]. Ils doivent comprendre les différents types de comptes, tels que les comptes d'épargne et les comptes chèques, et choisir celui qui convient le mieux à leurs besoins.

3　À partir de 12 ans, votre enfant peut demander lui-même, mais avec votre accord, l'ouverture d'un livret jeune. À partir de 16 ans, votre enfant peut, dans la plupart des banques et avec votre autorisation, ouvrir un compte bancaire. S'il est salarié ou bénéficiaire d'une bourse d'études, il peut, sous conditions, ouvrir un compte bancaire sans votre autorisation.

Effectuer des dépôts et des retraits : montrez-leur comment effectuer des dépôts et des retraits en utilisant des guichets automatiques, des chèques ou des virements électroniques. Insistez sur l'importance de suivre les transactions et de vérifier régulièrement les relevés bancaires.

2. Gérer un budget

Créer un budget : aidez-les à créer un budget réaliste en tenant compte de leurs revenus et de leurs dépenses. Encouragez-les à allouer de l'argent à différentes catégories, y compris l'épargne.

Suivre les dépenses : expliquez comment suivre les dépenses à l'aide d'un registre ou d'une application de suivi des dépenses. Montrez-leur comment cela les aide à rester responsables financièrement.

3. Comprendre les cartes de crédit

Les avantages des cartes de crédit : expliquez les avantages des cartes de crédit, tels que la possibilité de ne pas avoir d'argent liquide sur soi et la facilité pour pouvoir faire des paiements.

Les pièges des cartes de crédit : mettez en garde contre les pièges des cartes de crédit, tels que les taux d'intérêt élevés, les frais cachés et la tentation de dépenser au-delà de ses moyens.

4. Utilisation responsable des cartes de crédit

Paiements en temps voulu : insistez sur l'importance de faire des paiements en temps voulu pour éviter les frais de retard et les intérêts accumulés.

Limiter les soldes : encouragez-les à limiter les soldes impayés sur leurs cartes de crédit, idéalement à zéro. Expliquez que des soldes élevés peuvent affecter négativement leur cote de crédit.

5. Éviter les problèmes financiers courants

Endettement excessif : mettez en garde contre l'endettement excessif en utilisant des cartes de crédit pour des achats non essentiels. Encouragez la prudence dans l'utilisation des cartes de crédit.

Surveiller les dépenses : apprenez-leur à surveiller attentivement leurs dépenses et à éviter les habitudes de dépenses impulsives.

La gestion d'un compte bancaire et la compréhension des cartes de crédit sont des compétences financières cruciales. En enseignant à vos enfants comment gérer efficacement un compte bancaire, comment utiliser judicieusement les cartes de crédit et comment éviter les problèmes financiers courants, vous les préparez à une gestion financière responsable et à une vie financière équilibrée.

Chapitre 14

Épargner pour les études supérieures et pour d'autres objectifs à long terme

L'épargne à long terme est essentielle pour atteindre des objectifs financiers majeurs, tels que les études supérieures ou l'achat d'une maison. Nous allons voir pourquoi l'épargne à long terme est importante pour les adolescents et comment ils peuvent commencer à épargner de manière stratégique.

1. L'importance de l'épargne à long terme

Les objectifs à long terme : expliquez aux adolescents l'importance d'établir des objectifs à long terme. Cela peut inclure le financement de leurs études supérieures, l'achat d'une maison, ou la constitution d'un fonds de retraite.

La puissance de la capitalisation : montrez-leur comment la capitalisation des intérêts peut augmenter leur épargne au fil du temps. Plus tôt ils commencent à épargner, plus ils bénéficieront de cette croissance.

2. Épargner pour les études supérieures

Comprendre les coûts : aidez-les à comprendre les coûts associés à l'enseignement supérieur, y compris les frais de scolarité, les livres et les dépenses de subsistance.

Planifier le financement : travaillez avec eux pour établir un plan de financement pour leurs études supérieures. Cela peut inclure des bourses, des prêts étudiants et l'épargne personnelle.

3. Épargner pour d'autres objectifs à long terme

Acheter une maison : expliquez comment l'épargne à long terme peut les aider à acheter leur première maison. Discutez des avantages de l'apport initial et de la gestion des prêts.

Préparer la retraite : même s'ils sont encore jeunes, parlez-leur de l'importance de préparer leur retraite. Montrez-leur comment les cotisations régulières sur des produits adaptés peuvent se traduire par une retraite confortable.

4. Stratégies d'épargne à long terme

Produits d'épargne : expliquez les avantages et inconvénients des différents produits d'épargne.

Investissements à long terme : instruisez-les aux investissements à long terme, tels que les actions ou les fonds communs de placement, pour augmenter leur épargne.

5. Suivi de la progression

Surveiller les objectifs : aidez-les à suivre la progression vers leurs objectifs à long terme. Cela les motive à rester engagés dans l'épargne.

Ajuster le plan d'épargne : montrez-leur qu'il est acceptable d'ajuster leur plan d'épargne en fonction des changements de circonstances ou de nouveaux objectifs.

L'épargne à long terme est un élément essentiel de la gestion financière des adolescents. En leur enseignant l'importance des objectifs à long terme, les coûts associés à ces objectifs et les stratégies d'épargne appropriées, vous les préparez à un avenir financier solide.

Chapitre 15

Investir pour l'avenir

L'investissement est un moyen puissant de faire croître son argent à long terme, mais il peut sembler complexe pour les adolescents. Nous allons voir les concepts de base de l'investissement, pourquoi il est important et comment les adolescents peuvent commencer à investir de manière intelligente.

1. Comprendre l'investissement

Définir l'investissement : expliquez que l'investissement est l'acte de dépenser de l'argent dans l'espoir de réaliser un profit à l'avenir. L'investissement peut prendre de nombreuses formes, telles que l'achat d'actions, d'obligations ou de biens immobilier.

Le pouvoir de la croissance : montrez-leur comment investissement bien réalisé peut faire croître leur argent grâce à la croissance de la valeur des actifs au fil du temps.

2. Pourquoi investir ?

Atteindre des objectifs financiers : expliquez comment l'investissement peut les aider à atteindre leurs objectifs financiers à long terme, tels que l'achat d'une maison, une meilleure retraite ou la constitution d'un fonds d'urgence.

L'inflation : parlez-leur de l'inflation et de son impact sur le pouvoir d'achat. Montrez comment l'investissement peut aider à protéger leur argent contre l'inflation.

3. Les différents types d'investissements

Présentez les différents types d'investissements disponibles, dont les actions, les obligations, l'immobilier. Expliquez les avantages et les inconvénients de chacun d'entre eux.

4. Diversification

L'importance de la diversification : montrez-leur comment diversifier un portefeuille d'investissement peut réduire les risques. Expliquez que la diversification signifie détenir différents types d'actifs pour répartir les risques.

Les fonds communs de placement : introduisez-les aux fonds communs de placement, qui permettent une diversification facile en investissant dans un panier d'actifs.

5. Investir régulièrement

Expliquez qu'il est préférable d'investir régulièrement, même de petites sommes. Montrez comment l'investissement à long terme peut bénéficier de la capitalisation.

L'investissement est un moyen puissant de faire croître l'argent à long terme, mais il peut sembler intimidant pour les adolescents. En leur enseignant les concepts de base de l'investissement, pourquoi il est important et comment commencer à investir de manière intelligente, vous les préparez à un avenir financier solide.

Partie 4

Les jeunes adultes de 18 ans et légèrement plus

Chapitre 16

Transition vers la vie adulte et indépendance financière

La transition vers la vie adulte est une étape cruciale de la vie, où les jeunes adultes deviennent indépendants sur le plan financier. Nous allons voir les aspects essentiels de cette transition, y compris la gestion de l'argent, la recherche d'emploi, la location d'un logement et la prise de décisions financières éclairées.

1. Gestion de l'argent

Budgets personnels : encouragez-les à établir un budget personnel pour gérer leurs dépenses quotidiennes. Montrez-leur comment suivre leurs revenus et leurs dépenses.

Planification financière : aidez-les à élaborer un plan financier à long terme, en tenant compte de leurs objectifs personnels, tels que l'achat d'une voiture, l'investissement ou la préparation à la retraite.

2. Recherche d'emploi

Rédaction de CV : expliquez comment rédiger un CV efficace et mettez en avant leurs compétences et leur expérience.

Préparation aux entretiens : fournissez des conseils sur la préparation aux entretiens d'embauche, y compris la recherche sur l'entreprise et la pratique des questions courantes.

3. Location d'un logement

Trouver un logement : expliquez le processus de recherche d'un logement, y compris la recherche de locations, la visite d'appartements, la négociation de baux.

Gestion des finances liées au logement : aidez-les à comprendre les coûts liés à la location, tels que le loyer, les factures des divers fournisseurs et les dépôts de garantie.

4. Prise de décisions financières éclairées

Investissement : expliquez comment investir de manière intelligente pour atteindre leurs objectifs financiers à long terme. Parlez-leur de la diversification et des différents types d'investissements.

Gestion des dettes : donnez des conseils sur la gestion des dettes, y compris les prêts étudiants et les cartes de crédit.

5. Planification de la retraite précoce

L'importance de la retraite : expliquez l'importance de commencer à planifier la retraite dès le début de leur vie professionnelle. Montrez comment les cotisations régulières peuvent créer un fonds de retraite solide.

Les produits d'investissement relatifs à la retraite : expliquez les caractéristiques des produits d'investissement relatifs à la retraite, tels que le plan d'épargne retraite.

La transition vers la vie adulte est une période excitante mais exigeante sur le plan financier. En leur enseignant la gestion de l'argent, la recherche d'emploi, la location d'un logement et la prise de décisions financières éclairées, vous les préparez à une vie adulte indépendante et financièrement responsable.

Chapitre 17

Gestion des prêts étudiants et des dettes

La gestion des prêts étudiants et des dettes est une compétence financière cruciale pour les jeunes adultes. Nous allons voir les stratégies pour gérer efficacement le prêt étudiant, rembourser les dettes et éviter les pièges financiers courants.

1. Comprendre le prêt étudiant

Présentation du prêt étudiant : expliquez le fonctionnement du prêt étudiant. Faites une comparaison des différentes offres. Discutez des taux d'intérêt, de la durée, du montant et des conditions de remboursement.

Planification avant l'emprunt : encouragez la planification financière avant d'emprunter pour les études. Discutez des alternatives, telles que les bourses et les différentes aides, pour réduire la dépendance aux prêts.

2. Gestion et remboursement des prêts étudiants

Suivi des prêts : apprenez-leur comment suivre leurs prêts étudiants, en gardant une trace des montants empruntés, des taux d'intérêt et des échéances.

Établir un budget de remboursement : aidez-les à établir un budget de remboursement réaliste en fonction de leurs revenus et de leurs autres dépenses.

Paiements en temps voulu : insistez sur l'importance de faire des paiements en temps voulu pour éviter les frais de retard et les pénalités.

3. Gestion des autres dettes

Comprendre les types de dettes : expliquez les différents types de dettes, y compris les dettes de carte de crédit, les prêts automobiles et les prêts à la consommation.

Priorisation du remboursement : montrez-leur comment prioriser le remboursement des dettes en fonction des taux d'intérêt et des conditions.

4. Éviter les pièges financiers

Endettement excessif : mettez en garde contre l'endettement excessif en évitant les dépenses impulsives et en utilisant le crédit de manière responsable.

Consolidation des prêts : expliquez les avantages et les inconvénients de la consolidation des prêts et encouragez-la si c'est approprié.

La gestion des prêts étudiants et des dettes est une compétence essentielle pour les jeunes adultes. En leur enseignant comment comprendre les prêts étudiants, à gérer efficacement ces prêts, à rembourser les dettes de manière stratégique et à éviter les pièges financiers courants, vous les préparez à une gestion financière responsable tout au long de leur vie adulte.

Chapitre 18

Budgets pour les jeunes adultes : planifier et suivre les dépenses

La gestion d'un budget est une compétence essentielle pour les jeunes adultes qui cherchent à maintenir un équilibre financier sain. Nous allons voir les étapes pour créer un budget efficace, suivre les dépenses et prendre le contrôle de ses finances personnelles.

1. L'importance du budget

Comprendre le budget : expliquez ce qu'est un budget : un plan financier qui répartit les revenus entre les dépenses, l'épargne et les investissements. Montrez comment un budget permet de prendre des décisions financières éclairées.

Atteindre les objectifs financiers : discutez de la manière dont un budget peut aider à atteindre des objectifs financiers, tels que l'épargne pour les vacances, le remboursement des dettes ou l'achat d'une maison.

2. Création d'un budget

Calcul des revenus : aidez-les à calculer leurs revenus mensuels, en tenant compte du salaire, des revenus de placement et d'autres sources.

Identification des dépenses : encouragez-les à répertorier toutes leurs dépenses, y compris les dépenses fixes comme le loyer et les dépenses variables comme les sorties.

3. Planification des dépenses

Catégorisation des dépenses : aidez-les à regrouper les dépenses en catégories, telles que le logement, la nourriture, les transports et les loisirs.

Attribution de fonds : montrez-leur comment allouer des fonds à chaque catégorie en fonction de leurs priorités financières.

4. Suivi des dépenses

Utilisation d'outils de suivi : introduisez-les à des outils de suivi des dépenses, tels que des applications de budget ou des feuilles de calcul.

Vérification régulière : encouragez-les à vérifier régulièrement leurs dépenses par rapport à leur budget et à apporter des ajustements si nécessaire.

5. Économies et investissements

Intégrer l'épargne et l'investissement : expliquez comment intégrer l'épargne et l'investissement dans le budget, en les considérant comme des dépenses prioritaires.

Planification des objectifs financiers : aidez-les à définir des objectifs financiers à court et à long terme, et à les inclure dans leur budget.

La création et la gestion d'un budget sont des compétences financières fondamentales pour les jeunes adultes. En leur enseignant comment planifier un budget, à suivre leurs dépenses et à prendre le contrôle de leurs finances personnelles, vous les préparez à une gestion financière responsable tout au long de leur vie adulte.

Chapitre 19

Construire une carrière solide et financièrement stable

La construction d'une carrière solide est un élément clé pour atteindre la stabilité financière à long terme. Nous allons voir les étapes pour choisir une carrière, pour rechercher des opportunités professionnelles, pour développer des compétences et pour évoluer sur le plan professionnel.

1. Choisir une carrière

Identifier ses intérêts et ses compétences : encouragez-les à réfléchir à leurs intérêts, leurs talents et leurs passions pour choisir une carrière qui les passionne.

Explorer les possibilités de carrière : aidez-les à explorer différentes possibilités de carrière en recherchant des informations sur les zones géographiques, sur les entreprises et secteurs d'activités, sur les postes et les perspectives d'emploi.

2. Éducation et formation

Obtention de diplômes et qualifications : discutez de l'importance d'obtenir les diplômes et qualifications nécessaires pour leur carrière choisie, que ce soit par le biais d'une formation professionnelle, d'une éducation supérieure ou d'une formation en cours d'emploi.

Développement continu des compétences : expliquez que l'apprentissage ne s'arrête pas avec l'obtention d'un diplôme, et encouragez-les à continuer à développer leurs compétences tout au long de leur carrière.

3. Aide à la recherche d'emploi

Rédaction de CV et lettres de motivation : fournissez des conseils sur la rédaction de CV et de lettres de motivation percutantes qui mettent en valeur leurs compétences et leur expérience.

Réseautage professionnel : expliquez l'importance du réseautage professionnel pour trouver des opportunités d'emploi et développer leur carrière.

4. Gestion de carrière

Planification de carrière : encouragez-les à élaborer un plan de carrière à long terme, en identifiant leurs objectifs professionnels et les étapes nécessaires pour les atteindre.

Évolution professionnelle : expliquez comment progresser dans leur carrière en cherchant des opportunités de promotion, de formation et de développement.

5. Équilibre travail-vie personnelle

Importance de l'équilibre : discutez de l'importance de maintenir un équilibre entre le travail et la vie personnelle pour prévenir le stress et l'épuisement professionnel.

Gestion du revenu : apprenez-leur à gérer leur revenu de manière efficace, en épargnant pour les urgences, en investissant pour l'avenir et en planifiant leur retraite.

La construction d'une carrière solide est un élément clé pour atteindre la stabilité financière à long terme. En leur enseignant comment choisir une carrière, rechercher des opportunités professionnelles, développer des compétences et évoluer sur le plan professionnel, vous les préparez à une vie adulte financièrement stable et gratifiante.

Chapitre 20

Investir intelligemment et planifier pour la retraite

L'investissement intelligent et la planification de la retraite sont des éléments essentiels pour assurer une sécurité financière à long terme. Nous allons voir les stratégies d'investissement, la constitution d'un portefeuille, la planification de la retraite et la préparation à une retraite confortable.

1. Stratégies d'investissement

Éducation financière continue : encouragez vos enfants à continuer à s'éduquer financièrement, en lisant des livres, en suivant des cours et en restant au courant des actualités financières.

Diversification : expliquez l'importance de la diversification de leur portefeuille d'investissement pour réduire les risques.

2. Constitution d'un portefeuille

Types d'investissements : introduisez-les aux différents types d'investissements, tels que les actions, les obligations, l'immobilier et les investissements alternatifs.

Allocation d'actifs : apprenez-leur à allouer leurs actifs de manière stratégique en fonction de leur tolérance au risque et de leurs objectifs financiers.

3. Planification de la retraite

Établissement d'objectifs de retraite : aidez-les à définir des objectifs de retraite, tels que l'âge de la retraite, le niveau de revenu souhaité et les activités de retraite.

Épargne pour la retraite : expliquez les différentes options pour épargner pour la retraite et les produits disponibles à cette fin.

4. Préparation à la retraite

Épargne régulière : montrez-leur l'importance de l'épargne régulière pour la retraite et comment les cotisations régulières peuvent faire croître leur fonds de retraite.

Évaluation des besoins de retraite : aidez-les à évaluer leurs besoins de retraite en fonction de leur style de vie souhaité et de leurs dépenses prévues.

5. Conseils pour une retraite confortable

Planification fiscale : expliquez l'importance de la planification fiscale pour maximiser leurs économies de retraite.

Gestion de la retraite : donnez des conseils sur la manière de gérer leur retraite, y compris la gestion de leurs finances, la santé et le bien-être.

L'investissement intelligent et la planification de la retraite sont des piliers essentiels pour une sécurité financière à long terme. En enseignant les stratégies d'investissement, la constitution d'un portefeuille, la planification de la retraite et les conseils pour une retraite confortable, vous préparez vos enfants à une vie adulte financièrement stable et épanouissante.

Partie 5

Enseigner des valeurs financières à tout âge

Chapitre 21

L'importance de la communication ouverte sur l'argent en famille

La communication ouverte sur l'argent au sein de la famille est essentielle pour favoriser une compréhension mutuelle, une gestion financière responsable et des valeurs financières saines. Nous allons voir pourquoi la communication sur l'argent est cruciale, comment aborder ces discussions et les avantages qu'elle peut apporter à toute la famille.

1. Pourquoi la communication sur l'argent est-elle importante ?

Compréhension mutuelle : expliquez que la communication sur l'argent permet aux membres de la famille de mieux se comprendre et de connaître les valeurs financières de chacun.

Gestion financière responsable : montrez comment la communication ouverte sur l'argent aide à éviter les problèmes financiers et à prendre des décisions éclairées.

2. Comment aborder la communication sur l'argent en famille

Créer un espace sûr : encouragez un environnement où les membres de la famille se sentent à l'aise pour parler d'argent sans jugement ni critique.

Planifier des discussions régulières : prévoyez des moments réguliers pour discuter des finances familiales, comme une réunion mensuelle.

Inclure les enfants : encouragez l'inclusion des enfants dans les discussions financières appropriées à leur âge pour les aider à comprendre la gestion de l'argent.

3. Sujets de discussion financière en famille

Budget familial : expliquez comment élaborer un budget familial ensemble et impliquer chaque membre de la famille.

Épargne et investissement : discutez des objectifs d'épargne et d'investissement de la famille et comment chacun peut contribuer.

4. Avantages de la communication sur l'argent en famille

Éducation financière : montrez comment la communication ouverte permet d'enseigner des compétences financières à tous les membres de la famille.

Renforcement des liens familiaux : expliquez comment ces discussions renforcent les liens familiaux en favorisant la compréhension mutuelle et la coopération.

La communication ouverte sur l'argent en famille est une clé pour favoriser une gestion financière responsable, renforcer les liens familiaux et enseigner des valeurs financières saines aux enfants. En encourageant des discussions ouvertes sur le budget, l'épargne et les investissements, vous créez un environnement propice à l'apprentissage et à la croissance financière de toute la famille.

Chapitre 22

Les leçons financières de la vie quotidienne

La vie quotidienne offre de nombreuses opportunités d'apprendre des leçons financières importantes. Nous allons voir comment tirer parti des expériences quotidiennes pour enseigner des compétences financières et des valeurs financières à tous les membres de la famille.

1. Les dépenses courantes

Faire les courses : expliquez comment faire les courses de manière économe en comparant les prix, en utilisant des coupons et en évitant les achats impulsifs.

Planifier les repas : montrez comment la planification des repas peut réduire le gaspillage alimentaire et économiser de l'argent.

2. Les activités de loisirs

Sorties et divertissements : apprenez à équilibrer les activités de loisirs coûteuses avec des alternatives moins onéreuses.

Créativité et économies : encouragez la créativité en matière de loisirs, comme la création de jeux ou d'activités à la maison.

3. La gestion de l'argent de poche

Épargne et dépenses : aidez les enfants à comprendre comment gérer leur argent de poche en épargnant pour des objectifs et en prenant des décisions d'achat responsables.

Les leçons de l'argent de poche : expliquez comment l'argent de poche peut enseigner des valeurs financières telles que l'épargne et la responsabilité.

4. Les décisions d'achat importantes

Achats de grande envergure : discutez des décisions d'achat importantes, telles que l'achat d'une voiture ou d'une maison, en mettant en avant la planification et la négociation.

Comparer les possibilités : montrez comment comparer différentes possibilités avant de prendre une décision d'achat peut économiser de l'argent à long terme.

5. Les imprévus et les urgences

Constitution d'une réserve d'urgence : expliquez l'importance de constituer une réserve d'urgence pour faire face aux dépenses imprévues.

Gestion des crises financières : donnez des conseils sur la gestion des crises financières, telles que la perte d'emploi ou les dépenses médicales inattendues.

La vie quotidienne offre de nombreuses opportunités pour apprendre des leçons financières importantes. En tirant parti des expériences quotidiennes, vous pouvez enseigner à tous les membres de la famille des compétences financières pratiques et des valeurs financières essentielles.

Chapitre 23

L'éducation financière continue tout au long de la vie

L'apprentissage financier ne s'arrête jamais, et il est essentiel de continuer à développer ses compétences financières tout au long de sa vie. Nous allons voir pourquoi l'éducation financière continue est cruciale, comment s'engager dans un apprentissage financier permanent, et les avantages que cela peut apporter à votre bien-être financier.

1. Pourquoi l'éducation financière continue est-elle importante ?

Évolution économique : expliquez comment l'économie évolue constamment, ce qui nécessite une adaptation continue des compétences financières.

Nouvelles technologies financières : montrez comment les technologies financières sont en constante évolution et nécessitent en conséquence une compréhension et une adaptation constantes.

2. Comment s'engager dans un apprentissage financier permanent

Ressources éducatives : recherchez et utilisez des ressources éducatives telles que des livres, des cours en ligne et des ateliers sur la gestion financière.

Réseautage financier : participez à des groupes de discussion ou à des communautés en ligne axées sur la finance pour échanger des idées et des conseils.

3. Les avantages de l'éducation financière continue

Prise de décision éclairée : montrez comment l'apprentissage continu permet de prendre des décisions financières éclairées à chaque étape de la vie.

Gestion du changement : expliquez comment l'éducation financière continue aide à gérer les transitions de vie importantes, telles que le mariage, l'achat d'une maison ou la retraite.

4. Enseigner l'éducation financière continue à la famille

Soyez un modèle : montrez l'exemple en tant que parent en poursuivant votre propre éducation financière continue.

Encouragement à l'apprentissage : encouragez vos enfants et les membres de votre famille à poursuivre leur propre éducation financière tout au long de leur vie.

L'éducation financière continue tout au long de la vie est une clé pour maintenir une gestion financière saine et adaptée à l'évolution de l'économie et de la technologie. En s'engageant dans un apprentissage financier permanent, vous vous préparez à prendre des décisions éclairées à chaque étape de votre vie et à garantir votre bien-être financier à long terme. Il en va de même pour vos enfants qui vont suivre votre exemple.

Partie 6

Ressources et outils pratiques

Chapitre 24

Jeux et ressources en ligne pour l'éducation financière des enfants

L'éducation financière des enfants peut être renforcée grâce à une variété de ressources éducatives en français disponibles en France. Nous allons voir des des jeux et des ressources en ligne qui peuvent aider les parents à enseigner des compétences financières essentielles à leurs enfants.

1. Jeux pour l'éducation financière des enfants

"Destins, Le Jeu de la Vie" par Hasbro : un jeu de société classique qui enseigne aux enfants la gestion de l'argent, y compris la prise de décisions financières importantes.

"Monopoly" par Hasbro : un grand classique qui permet simule la réalisation d'opérations immobilières et la gestion des fonds pour réaliser ces opérations.

2. Ressources en ligne pour l'éducation financière des enfants

"Mes questions d'argent" par la Banque de France[4] : un site web avec des ressources éducatives dont une partie est plus centrée sur les enfants et les adolescents, y compris des vidéos et des quiz sur l'argent.

b. "La finance pour tous" par l'Institut pour l'Éducation Financière du Public (IEFP)[5] : un site web sur la gestion financière avec une partie dédiée aux juniors (collégiens et lycéens).

En utilisant des jeux et des ressources en ligne adaptées à l'âge de vos enfants, vous pouvez les aider à acquérir des compétences financières essentielles de manière ludique et éducative. L'objectif est de rendre l'apprentissage financier amusant et accessible, afin que vos enfants puissent développer une compréhension solide de l'argent et de la gestion financière tout au long de leur vie.

---

4   https://www.mesquestionsdargent.fr
5   https://www.lafinancepourtous.com

Chapitre 25

Créer des activités pratiques pour enseigner l'argent

L'apprentissage financier peut être rendu plus efficace et amusant grâce à des activités pratiques qui permettent aux enfants d'expérimenter et de mettre en pratique les concepts financiers. Nous allons voir comment créer des activités pratiques adaptées à l'âge de vos enfants pour renforcer leur éducation financière.

1. Créer un budget fictif

L'argent de poche : aidez vos enfants à créer un budget fictif en utilisant leur argent de poche. Ils peuvent répartir leur argent entre l'épargne, les dépenses courantes et les économies pour des objectifs spécifiques.

Suivi des dépenses : encouragez-les à noter toutes leurs dépenses pendant un mois pour mieux comprendre où va leur argent.

2. Jeux de rôle financiers

Supermarché imaginaire : organisez un jeu de rôle où vos enfants jouent le rôle de clients et doivent gérer un budget tout en faisant des achats au supermarché imaginaire.

Mini-entreprise : créez une simulation de mini-entreprise à la maison où vos enfants peuvent vendre des objets qu'ils fabriquent ou fournir des services en échange d'argent fictif.

3. Les leçons de l'argent de poche

Objectifs financiers : encouragez vos enfants à définir des objectifs financiers pour leur argent de poche, comme économiser pour un jouet qu'ils souhaitent acheter.

Responsabilité financière : apprenez-leur à gérer leur argent de poche de manière responsable, y compris la planification des dépenses et la tenue de registres.

4. Investissement simulé

Jeu de simulation boursière : utilisez des jeux de simulation boursière en ligne pour enseigner aux adolescents les bases de l'investissement en bourse sans risquer d'argent réel.

Suivi des performances : demandez-leur de suivre les performances de leurs investissements simulés et de réfléchir aux choix d'investissement.

5. L'argent dans le monde réel

Impliquez vos enfants dans les achats familiaux. Demandez-leur de vous aider à comparer les prix, à planifier les achats et à gérer le budget familial.

Créer des activités pratiques pour enseigner l'argent
permet aux enfants d'acquérir des compétences financières de manière concrète et mémorable. En adaptant
ces activités à leur âge et à leur niveau de compréhension, vous renforcez leur éducation financière de manière amusante et interactive.

Chapitre 26

Les erreurs courantes à éviter lors de l'enseignement de l'argent

Lors de l'enseignement de l'argent aux enfants, il est important de connaître et d'éviter certaines erreurs courantes qui pourraient nuire à leur compréhension et à leur attitude envers l'argent. Nous allons passer en revue ces erreurs et nous allons proposer des solutions pour les éviter.

1. Éviter la discussion sur l'argent

Certaines familles évitent de discuter d'argent, pensant que c'est un sujet délicat. Il est au contraire nécessaire d'encourager la discussion.

La communication ouverte sur l'argent est essentielle. Discutez régulièrement des finances familiales et encouragez les questions des enfants.

2. Ne pas impliquer les enfants dans les décisions financières

Exclure les enfants des décisions financières est une chose fréquente. Or il s'avère que ne pas impliquer les enfants dans les décisions financières familiales peut les laisser dans l'ignorance.

Il est préférable de faire participer les enfants aux décisions financières adaptées à leur âge, comme le budget familial ou les objectifs d'épargne.

3. Oublier d'enseigner la planification à long terme

Se concentrer uniquement sur les aspects financiers immédiats est une erreur fréquemment commise. Il se trouve que se concentrer uniquement sur les dépenses courantes est un comportement qui entraîne nécessaire-ment une négligence de l'importance de la planification financière à long terme.

Il est nécessaire d'apprendre aux enfants à établir des objectifs financiers à long terme, tels que l'épargne pour l'université ou la retraite.

4. Ne pas expliquer les erreurs financières

Cacher les erreurs financières est une tentation à la-quelle de nombreuses personnes ne peuvent pas résis-ter. Toutefois il faut considérer que cacher les erreurs financières peut empêcher les enfants de comprendre les conséquences des mauvaises décisions.

Il faut au contraire expliquer les erreurs financières, montrez comment les éviter et les corriger.

5. Ignorer l'éducation financière continue

L'éducation financière n'est généralement pas ensei-gnée ou cet enseignement est stoppé au bout de quelques années.

Il est au contraire nécessaire de promouvoir une éducation financière continue. Encouragez l'apprentis-sage financier tout au long de la vie et montrez l'exemple en tant que parent.

Éviter ces erreurs courantes lors de l'enseignement de l'argent peut contribuer à une éducation financière plus efficace et plus complète pour vos enfants.

Table des matières